Livre de recettes pour Friteuse à Air :

+50 recettes saines, rapides et faciles à préparer

Léo Raphaël Pineda

Livre de recettes pour Friteuse à Air :

+50 recettes saines, rapides et faciles à préparer

Copyright © 2023 Léo Raphaël Pineda

Tous droits réservés.

Livre de recettes pour Friteuse à Air

Aucune partie de ce livre ne peut être reproduite, stockée dans un système de recherche documentaire ou transmise sous quelque forme ou par quelque moyen que ce soit, électronique, mécanique, photocopie, enregistrement ou autre, sans l'autorisation préalable de l'auteur, sauf dans le cas des brèves citations incorporées dans des critiques ou des articles de presse.

Toute violation des droits d'auteur sera poursuivie conformément à la loi.

Ce livre est une œuvre de non-fiction et toute ressemblance avec des personnes réelles, vivantes ou mortes, ou des événements passés ou présents serait purement fortuite.

Nous espérons que vous apprécierez la lecture de ce livre et nous vous remercions de respecter les droits de l'auteur.

TABLE DES MATIÈRES

INTRODUCTION 11

AVANTAGES DE CUISINER AVEC UNE FRITEUSE À AIR 13

ASTUCES POUR CUISINER DANS LA FRITEUSE À AIR 15

COMMENT NETTOYER VOTRE FRITEUSE À AIR ? 16

RECETTES POUR FRITEUSE À AIR 17

CONCLUSION 102

DU MÊME AUTEUR 107

.... 107

Introduction

Si vous n'avez toujours pas assez d'idées pour tirer le meilleur parti de votre friteuse à air, ce livre sera votre parfait compagnon les prochains jours. Ce guide est une véritable mine d'or pour tous ceux qui cherchent à concocter des plats délicieux et sains sans sacrifier la commodité.

Dans cet ouvrage, nous explorons les innombrables possibilités offertes par cet appareil de cuisine révolutionnaire. Que vous soyez un novice en matière de friteuses à air ou un utilisateur expérimenté, ce livre offre une variété de recettes conçues pour satisfaire toutes les papilles.
De l'entrée au dessert, en passant par les plats principaux et les accompagnements, chaque recette a été soigneusement élaborée pour garantir simplicité, rapidité et, surtout, un résultat savoureux.

Les friteuses à air ne sont pas seulement un moyen de cuisiner plus sainement en réduisant l'utilisation d'huile ; elles représentent aussi un gain de temps considérable dans la cuisine.

Ce livre vous guide à travers des étapes simples pour préparer des repas complets ou des en-cas rapides, tout en préservant les nutriments et en rehaussant les saveurs.

Avantages de cuisiner avec une friteuse à air

Vous rentrez tard du travail, affamé et peu enclin à aller dans la cuisine pendant quelques heures pour préparer le dîner... Cette situation vous semble-t-elle familière ? Eh bien, ce livre est pour vous.

Nous avons compilé les recettes les plus simples, les plus originales et les plus rapides à réaliser dans votre friteuse à air, pour mettre en place un dîner, un déjeuner ou une collation.

La cuisson dans la friteuse à air garantit que vous cuisinez avec moins d'huile dès le début, de sorte que toute préparation que vous préparez contiendra moins de calories.

Mais vous faites aussi moins de dégâts et mangez plus sainement.

Les friteuses à air sont les alliées parfaites pour préparer un menu sain. Les avantages de ce petit appareil vont de la sécurité des friteuses à l'huile aux bienfaits pour la santé, car ils intègrent des recettes saines, avec moins d'huile et réduisant le risque de toxines dans les aliments.

On estime que les plats préparés dans des friteuses à air contiennent moins de matières grasses et peuvent réduire les calories jusqu'à 80 %.

Astuces pour cuisiner dans la friteuse à air

Il existe de petites astuces pour rendre parfait le résultat des recettes dans la friteuse sans huile. Vous devez essayer de vous assurer que tous les aliments sont cuits uniformément, donc si les aliments se frottent les uns contre les autres dans le récipient, à mi-chemin du processus, essayez de les secouer pour qu'ils aient une texture croustillante.

Lorsqu'il s'agit de cuisiner, ces ustensiles dont vous avez besoin dans une cuisine saine et en forme vous seront d'une grande aide.

Certains modèles sont particulièrement faciles à utiliser, comme la Philips Air Fryer XL Connected, en vente sur Amazon, qui est contrôlée par une application pratique, qui comprend des conseils nutritionnels.

Comment nettoyer votre friteuse à air ?

C'est la meilleure partie, car avoir la friteuse sans huile complètement propre ne demandera pratiquement aucun effort. En plus de prendre peu de place, il faut juste faire attention à ce que l'appareil ne soit pas chaud.
Pour nettoyer l'intérieur de la friteuse à air, vous devez retirer le panier, que vous pouvez frotter confortablement avec un bon dégraissant.
Quant à la résistance, essayez de la nettoyer avec une éponge douce imbibée d'eau chaude pour enlever les débris alimentaires. Il est important de ne pas utiliser de coussin de berceuse ou de brosse à poils durs afin de ne pas abîmer cette partie délicate.

Plus d'avantages ? Eh bien, oui, car la friteuse à air consomme moins d'électricité que d'autres appareils, comme le four, nous pouvons donc comprendre le secret de son succès.

Recettes pour Friteuse à Air

1. Frites de Pommes de Terre à la Française

Ingrédients:

- Pommes de terre, coupées en bâtonnets
- Huile d'olive
- Sel, herbes de Provence

Instructions:

Préchauffez la friteuse à air à 180°C.

Mélangez les pommes de terre avec un peu d'huile d'olive et des herbes de Provence.

Faites cuire dans la friteuse à air pendant environ 15-20 minutes, en secouant le panier à mi-cuisson.

2. Ratatouille Croustillante

Ingrédients:

- Aubergine, courgette, poivron, tomate, coupés en petits dés
- Huile d'olive, herbes de Provence, sel, poivre

Instructions:

Mélangez les légumes avec un peu d'huile d'olive, herbes de Provence, sel et poivre.
Préchauffez la friteuse à 180°C.
Faites cuire la ratatouille pendant 20 minutes, en remuant de temps en temps.
Ces recettes apportent une touche française aux possibilités offertes par la friteuse à air, permettant de profiter de plats classiques d'une manière plus saine et pratique.

3. Poulet Rôti à la Provençale

Ingrédients:

- Cuisses de poulet
- Herbes de Provence, ail en poudre, sel, poivre
- Huile d'olive

Instructions:

Assaisonnez les cuisses de poulet avec les herbes, l'ail, le sel et le poivre, puis badigeonnez d'huile d'olive.

Préchauffez la friteuse à 180°C.

Faites cuire le poulet pendant 25-30 minutes, jusqu'à ce qu'il soit bien doré et croustillant.

4. Beignets de Courgettes

Ingrédients:

- Courgettes, coupées en rondelles
- Chapelure, parmesan, sel, poivre
- 1 œuf, battu

Instructions:

Trempez les rondelles de courgette dans l'œuf, puis dans un mélange de chapelure, parmesan, sel et poivre.

Préchauffez la friteuse à 200°C.

Faites cuire les beignets pendant 10-12 minutes, jusqu'à ce qu'ils soient dorés.

5. Poisson en Papillote

Ingrédients:

- Filets de poisson blanc
- Tranches de citron, herbes fraîches (comme le thym ou le persil)
- Sel, poivre

Instructions:

Placez chaque filet de poisson sur un morceau de papier cuisson, assaisonnez et ajoutez des tranches de citron et des herbes.

Fermez le papier en papillote et placez dans la friteuse à air.

Faites cuire à 180°C pendant 12-15 minutes.

6. Scones aux Bleuets

Pour 6 petits scones

Temps de préparation : 10 minutes
Temps de cuisson : 12 minutes

Ingrédients :
- 240 g de farine tout usage
- 50 g de sucre semoule
- 8 g de levure chimique
- 2 g de sel
- 85 g de beurre froid, haché
- 85 g de myrtilles fraîches
- 3 g de gingembre frais râpé
- 113 ml de crème fouettée
- 2 gros œufs
- 4 ml d'extrait de vanille
- 5 ml d'eau

Instructions :

Préparation du mélange sec : Dans un grand bol, mélanger le sucre, la farine, la levure chimique et le sel.

Incorporation du beurre : Battre le beurre et la farine ensemble à l'aide d'un batteur ou avec vos mains jusqu'à ce que le mélange ressemble à des miettes grossières.

Ajout des bleuets et du gingembre : Mélanger les myrtilles et le gingembre au mélange de farine. Laisser de côté.

Préparation du mélange liquide : Dans un autre récipient, mélanger la crème fouettée, 1 œuf et l'extrait de vanille.

Assemblage : Incorporer le mélange de crème au mélange de farine jusqu'à ce que tout soit bien mélangé.

Façonnage : Former la pâte sur une épaisseur d'environ 38 mm et couper en huitièmes.

Préparation pour la cuisson : Badigeonner les scones avec un mélange d'œuf et d'eau.

Préchauffage : Préchauffer la friteuse à air Cosori à 175°C et appuyer sur Démarrer/Pause.

Cuisson : Placer du papier sulfurisé dans le panier intérieur préchauffé et disposer les scones sur le papier.

Fin de cuisson : Cuire pendant 12 minutes à 175°C, jusqu'à ce qu'ils soient dorés.

7. Choux à la Crème aux Fraises

Pour 6 petits choux

Temps de préparation : 10 minutes
Temps de cuisson : 12 minutes

Ingrédients :
- 240 g de farine tout usage
- 50 g de sucre semoule
- 8 g de levure chimique
- 1 g de sel
- 85 g de beurre froid, haché
- 84 g de fraises fraîches, hachées
- 120 ml de crème fouettée
- 2 gros œufs
- 10 ml d'extrait de vanille
- 5 ml d'eau

Instructions :

Préparation du mélange sec : Tamiser la farine, le sucre, la levure chimique et le sel dans un grand bol.

Incorporation du beurre : Battre le beurre et la farine ensemble à l'aide d'un batteur ou avec vos mains jusqu'à ce que le mélange ressemble à des miettes grossières.

Ajout des fraises : Mélanger les fraises hachées au mélange de farine. Laisser reposer.

Préparation du mélange liquide : Battre la crème fouettée, 1 œuf et l'extrait de vanille dans un autre bol.

Assemblage : Incorporer le mélange de crème au mélange de farine jusqu'à consistance lisse, puis étaler la pâte sur une épaisseur de 38 mm.

Découpage : Utiliser un emporte-pièce rond pour découper les choux.

Préparation pour la cuisson : Badigeonner les choux avec un mélange d'œuf et d'eau.

Préchauffage : Préchauffer la friteuse à air

Cosori à 175°C et appuyer sur Démarrer/Pause.

Cuisson : Placer du papier sulfurisé dans le panier intérieur préchauffé. Disposer les choux sur le papier et cuire pendant 12 minutes à 175°C, jusqu'à ce qu'ils soient dorés.

8. Œufs à la Coque en Cocotte

Pour 3 portions

Temps de préparation : 3 minutes
Temps de cuisson : 14 minutes

Ingrédients :
- Spray de cuisson antiadhésif
- 3 œufs
- 6 tranches de bacon fumé, coupées en dés
- 60 g de jeunes épinards lavés
- 120 ml de crème fouettée
- 15 g de parmesan râpé
- Sel et poivre selon le goût

Instructions :

Préchauffer la friteuse à air Cosori à 175°C et appuyer sur Démarrer/Pause.

Préparation des moules : Vaporiser trois moules de 76 mm avec un spray de cuisson antiadhésif.

Ajout des œufs : Placer 1 œuf dans chaque moule graissé.

Cuisson du bacon : Cuire le bacon dans une poêle jusqu'à ce qu'il soit doré, environ 5 minutes.

Ajout des épinards : Incorporer les épinards et cuire jusqu'à ce qu'ils soient fanés, environ 2 minutes.

Préparation de la crème : Mélanger la crème fouettée et le parmesan, puis cuire pendant 2-3 minutes.

Verser le mélange de crème sur les œufs dans les moules.

Cuisson finale : Placer les moules dans la

friteuse à air préchauffée et cuire pendant 4 minutes à 175°C jusqu'à ce que le blanc d'œuf soit complètement pris.
Assaisonner au goût avec du sel et du poivre.

9. Pain Perdu sur Bâtonnets

Pour 4 portions

Temps de préparation : 5 minutes
Temps de cuisson : 10 minutes

Ingrédients :

- 4 tranches de pain blanc de 38 mm d'épaisseur, dur de préférence
- 2 œufs
- 60 ml de lait
- 15 ml de sirop d'érable
- 2 ml d'extrait de vanille
- Huile en spray antiadhésive
- 38 g de sucre
- 3 g de cannelle moulue
- Sirop d'érable, pour servir
- Sucre glace, pour saupoudrer

Instructions :

Préparation du pain : Coupez chaque tranche de pain en trois pour obtenir 12 morceaux. Mettez-les de côté.

Préparation du mélange d'œufs : Battre ensemble les œufs, le lait, le sirop d'érable et la vanille.

Préchauffage : Préchauffer la friteuse à air Cosori à 175°C et appuyer sur Démarrer/Pause.

Tremper le pain : Trempez les morceaux de pain dans le mélange d'œufs, puis placez-les dans la friteuse à air préchauffée. Vaporiser généreusement le pain avec un spray antiadhésif.

Cuisson : Cuire le pain perdu pendant 10 minutes à 175°C, en retournant les morceaux à mi-cuisson.

Préparation du sucre à la cannelle : Mélanger le sucre et la cannelle dans un bol.

Saupoudrer le pain perdu avec le mélange de sucre et cannelle une fois la cuisson terminée. Servir avec du sirop d'érable et saupoudrer de sucre glace.

10. Sandwich Petit-Déjeuner aux Muffins

Pour 1 portion

Temps de préparation : 2 minutes
Temps de cuisson : 10 minutes

Ingrédients :
- Enduit de cuisson antiadhésif
- 1 tranche de fromage cheddar blanc
- 1 tranche de bacon canadien
- 1 muffin anglais, divisé
- 15 ml d'eau chaude
- 1 œuf large
- Sel et poivre au goût

Instructions :

Préparation du moule : Vaporiser l'intérieur d'un moule de 85 g d'enduit de cuisson et placer le moule dans la friteuse à air Cosori.

Préchauffage : Préchauffer la friteuse à air Cosori à 160°C et appuyer sur Démarrer/Pause.

Ajout du fromage et du bacon : Mettre le fromage et le bacon canadien dans la friteuse à air préchauffée.

Préparation de l'œuf : Verser l'eau chaude et l'œuf dans le moule chaud et assaisonner de sel et de poivre.

Cuisson : Choisir le mode Poêle, régler le temps sur 10 minutes et appuyer sur Démarrer/Pause.

Retrait du muffin : Retirer les muffins anglais après 7 minutes, tout en laissant l'œuf cuire pendant le temps total.

Assemblage : Monter le sandwich en plaçant

l'œuf à la coque sur le muffin anglais et servir.

11. Muffins de Cake Streusel

Pour 6 muffins

Temps de préparation : 10 minutes
Temps de cuisson : 12 minutes

Ingrédients :
Couverture Croustillante :
- 13 g de sucre blanc
- 16 g de cassonade légère
- 1 g de cannelle
- 2 g de sel
- 14 g de beurre doux, fondu
- 24 g de farine tout usage

Muffins :
- 90 g de farine tout usage
- 53 g de cassonade claire

- 4 g de levure chimique
- 1 g de bicarbonate de soude
- 2 g de cannelle
- 1 g de sel
- 112 g de crème sure
- 42 g de beurre doux, fondu
- 1 œuf
- 4 ml d'extrait de vanille
- Huile en spray antiadhésive
- Instructions :

Préparation :

Préparation de la couverture : Mélanger tous les ingrédients de la garniture croustillante jusqu'à ce qu'ils forment des miettes grossières. Laisser de côté.

Préparation des ingrédients secs : Mélanger la farine, la cassonade, la levure chimique, le bicarbonate de soude, la cannelle et le sel dans un grand bol.

Préparation des ingrédients humides : Mélanger la crème sure, le beurre, l'œuf et la vanille dans un autre bol jusqu'à ce que tout soit bien mélangé.

Assemblage : Mélanger les ingrédients humides avec les ingrédients secs jusqu'à ce que le tout soit bien mélangé.

Préchauffage : Préchauffer la friteuse à air Cosori à 175°C et appuyer sur

Démarrer/Pause.

Préparation des moules : Graisser les moules à muffins avec un spray antiadhésif et verser le mélange jusqu'à ce que les moules soient remplis aux 3/4.

Ajout de la garniture : Saupoudrer le dessus des muffins avec la garniture croustillante.

Cuisson : Placer les moules à muffins dans la friteuse à air préchauffée. Vous devrez peut-être travailler par lots. Cuire les muffins à 175°C pendant 12 minutes.

12. Pain Doré Farcis

Pour 1 portion

Temps de préparation : 4 minutes
Temps de cuisson : 10 minutes

Ingrédients :

- 1 tranche de pain brioché de 64 mm d'épaisseur, de préférence rance
- 113 g de fromage frais
- 2 œufs
- 15 ml de lait
- 30 ml de crème fouettée
- 38 g de sucre
- 3 g de cannelle
- 2 ml d'extrait de vanille
- Enduit à cuisson antiadhésif

- Pistaches hachées, pour garnir
- Sirop d'érable, pour servir

Instructions :

Préchauffage : Préchauffer la friteuse à air Cosori à 175°C et appuyer sur Démarrer/Pause.

Préparation du pain : Couper une fente au milieu du pain brioché.

Farcir le pain : Remplir l'intérieur de la fente avec du fromage frais. Mettre de côté.

Préparation du mélange d'œufs : Mélanger les œufs, le lait, la crème fouettée, le sucre, la cannelle et l'extrait de vanille.

Trempage du pain : Tremper le pain farci dans le mélange d'œufs pendant 10 secondes de chaque côté.

Préparation pour la cuisson : Vaporiser chaque côté du pain doré avec un enduit à cuisson.

Cuisson : Placer le pain doré dans la friteuse à air préchauffée et cuire pendant 10 minutes à

175°C.

Finition : Retourner délicatement le pain doré avec une spatule une fois la cuisson terminée.

Service : Servir garni de pistaches hachées et arrosé de sirop d'érable.

13. Poulet Cordon Bleu en Friteuse à Air

Ingrédients:

- 4 poitrines de poulet désossées et sans peau
- 4 tranches de jambon
- 4 tranches de fromage suisse
- 100 g de chapelure
- 2 œufs battus
- 50 g de farine
- Sel, poivre, paprika

Instructions:

Préparation du Poulet: Aplatir les poitrines de

poulet à environ 1 cm d'épaisseur. Saler, poivrer et saupoudrer de paprika.

Garniture: Sur chaque poitrine, placer une tranche de jambon et une de fromage. Rouler le poulet autour de la garniture et sécuriser avec des cure-dents.

Panure: Passer chaque roulé de poulet dans la farine, puis dans l'œuf battu, et enfin dans la chapelure.

Cuisson: Préchauffer la friteuse à air à 180°C. Vaporiser le panier de la friteuse à air avec de l'huile en aérosol. Placer les roulés dans le panier sans les superposer. Cuire pendant 20-25 minutes ou jusqu'à ce que le poulet soit cuit et la panure dorée.

Laisser reposer quelques minutes avant de retirer les cure-dents et servir.

14. Croquettes de Saumon à la Parisienne

Ingrédients:

- 400 g de saumon cuit et émietté
- 50 g de chapelure
- 2 œufs
- 1 échalote finement hachée
- 2 cuillères à soupe de persil frais haché
- Sel, poivre, jus de citron

Instructions:

Préparation du Mélange: Dans un grand bol, mélanger le saumon, les échalotes, le persil, les œufs, la moitié de la chapelure, le sel, le poivre et un filet de jus de citron. Former des croquettes avec le mélange.

Panure: Rouler les croquettes dans le reste de la chapelure.

Cuisson: Préchauffer la friteuse à air à 200°C. Vaporiser le panier de la friteuse à air avec de l'huile en aérosol. Disposer les croquettes dans le panier. Cuire pendant 10-12 minutes, en les retournant à mi-cuisson, jusqu'à ce qu'elles soient dorées et croustillantes.

Servir chaud avec une sauce tartare ou un filet de citron.

15. Ratatouille Niçoise en Friteuse à Air

Ingrédients:

- 1 aubergine, coupée en dés
- 1 courgette, coupée en dés
- 1 poivron rouge, coupé en dés
- 2 tomates, coupées en dés
- 1 oignon, haché
- 2 gousses d'ail, hachées
- Huile d'olive
- Herbes de Provence, sel, poivre

Instructions:

Préparation des Légumes: Dans un grand bol,

mélanger tous les légumes avec de l'huile d'olive, l'ail, les herbes de Provence, le sel et le poivre.

Cuisson: Préchauffer la friteuse à air à 180°C. Mettre le mélange de légumes dans le panier de la friteuse. Cuire pendant 15-20 minutes, en remuant de temps en temps, jusqu'à ce que les légumes soient tendres et légèrement caramélisés.

Servir chaud comme accompagnement ou plat principal.

16. Bacon au Barbecue

Pour 2 portions

Temps de préparation : 2 minutes
Temps de cuisson : 8 minutes

Ingrédients :
- 13 g de cassonade foncée
- 5 g de poudre de chili
- 1 g de cumin moulu
- 1 g de poivre de Cayenne
- 4 tranches de bacon coupées en deux

Instructions :

Préparation de la marinade : Mélanger la cassonade, la poudre de chili, le cumin moulu et le poivre de Cayenne jusqu'à ce que le tout soit bien mélangé.

Marinage du bacon : Tremper le bacon dans la marinade jusqu'à ce qu'il soit complètement enrobé. Laisser de côté.

Préchauffage : Préchauffer la friteuse à air Cosori à 160°C et appuyer sur Démarrer/Pause.

Placement du bacon : Placer le bacon dans la friteuse à air préchauffée.

Cuisson : Choisir le mode Lard et appuyer sur Démarrer/Pause.

17. Pizza Déjeuner

Pour 1 à 2 portions

Temps de préparation : 5 minutes
Temps de cuisson : 8 minutes

Ingrédients :
- 10 ml d'huile d'olive
- 1 pâte à pizza pré-faite (178 mm)
- 28 g de fromage mozzarella à faible teneur en humidité
- 2 tranches de jambon fumé
- 1 œuf
- 2 g de coriandre hachée

Instructions :

Préparation de la pâte : Badigeonner la pâte à pizza pré-faite avec de l'huile d'olive.

Ajout des garnitures : Ajouter le fromage mozzarella et le jambon fumé sur la pâte.

Préchauffage : Préchauffer la friteuse à air Cosori à 175°C et appuyer sur Démarrer/Pause.

Cuisson de la pizza : Placer la pizza dans la friteuse à air préchauffée et cuire pendant 8 minutes à 175°C.

Ajout de l'œuf : Après 5 minutes de cuisson, retirer les paniers et casser l'œuf sur la pizza.

Cuisson finale : Remettre les paniers dans la friteuse à air et terminer la cuisson. Garnir la pizza de coriandre hachée avant de servir.

18. Steak Santa Maria

Pour 2 portions

Temps de préparation : 11 minutes
Temps de cuisson : 6 minutes

Ingrédients :
- 2 g de sel
- 2 g de poivre noir
- 2 g de poudre d'ail
- 2 g de poudre d'oignon
- 2 g d'origan séché
- Une pincée de romarin séché
- Une pincée de poivre de Cayenne
- Une pincée de sauge séchée
- 1 faux-filet (16 oz), désossé
- 15 ml d'huile d'olive

Instructions :

Préchauffage : Préchauffer la friteuse à air Cosori et appuyer sur Démarrer/Pause.

Préparation des assaisonnements : Mélanger le sel, le poivre noir, la poudre d'ail, la poudre d'oignon, l'origan, le romarin, le poivre de Cayenne et la sauge. Saupoudrer le mélange sur le steak.

Assaisonnement du steak : Verser un filet d'huile d'olive sur le steak.

Cuisson du steak : Placer le steak dans la friteuse à air préchauffée.

Sélection du mode de cuisson : Choisir le mode Filet et appuyer sur Démarrer/Pause.

Repos du steak : Retirer le steak de la friteuse à air une fois la cuisson terminée. Laisser reposer pendant 10 minutes avant de couper et servir.

19. Steak New-Yorkais au Chimichurri

Pour 2 portions

Temps de préparation : 10 minutes
Temps de cuisson : 6 minutes

Ingrédients :

Sauce Chimichurri :

- 60 ml d'huile d'olive extra vierge
- 20 g de basilic frais
- 20 g de coriandre
- 20 g de persil

- 4 filets d'anchois
- 1 petite échalote
- 2 gousses d'ail, pelées
- 1 citron, jus
- Une pincée de poivron rouge écrasé
- Filet :

- 12 ml d'huile végétale
- 1 steak à la new-yorkaise (environ 450 g)
- Sel et poivre au goût

Instructions :

Préparation de la sauce Chimichurri :
Dans un mélangeur, combinez l'huile d'olive, le basilic, la coriandre, le persil, les filets d'anchois, l'échalote, l'ail, le jus de citron, et le poivron rouge écrasé.
Mixez jusqu'à obtenir la consistance désirée.

Préparation du steak :
Préchauffez la friteuse à air Cosori.

Frottez l'huile végétale sur le steak et assaisonnez avec du sel et du poivre.

Placez le steak dans la friteuse à air préchauffée, réglez sur le mode "Filet" et le temps sur 6 minutes (pour une cuisson mi-saignante).

Laissez le steak reposer pendant 5 minutes une fois la cuisson terminée.

Nappez le steak de sauce chimichurri et servez.

20. Sandwich à la Viande

Pour 2 portions

Temps de préparation : 5 minutes
Temps de cuisson : 6 minutes

Ingrédients :

- 1 faux-filet (environ 450 g), désossé
- 20 ml d'huile d'olive
- 5 g de sel
- 1 g de poivre noir

- 110 g de crème sure
- 40 g de raifort blanc préparé, égoutté
- 2 g de ciboulette fraîchement ciselée
- 1 petite échalote, hachée
- ½ citron, jus
- Sel et poivre au goût
- Petits pains aux graines de sésame grillés, pour servir
- Petite roquette, pour servir
- Échalotes, tranchées, pour servir

Instructions :

Préparation du steak :
Préchauffez la friteuse à air Cosori.
Enduisez le steak d'huile d'olive et assaisonnez-le avec du sel et du poivre.
Placez le steak dans la friteuse à air préchauffée et réglez sur le mode "Filet". Appuyez sur "Démarrer Pause".

Préparation de la crème de raifort :
Dans un petit bol, mélangez la crème sure, le raifort, la ciboulette, l'échalote hachée et le jus

de citron.

Assaisonnez avec du sel et du poivre selon votre goût.

Assemblage du sandwich :

Une fois la cuisson du steak terminée, retirez-le de la friteuse et laissez-le reposer 5 à 10 minutes avant de le trancher.

Sur le pain du bas, étalez un peu de crème de raifort, ajoutez la jeune roquette et les échalotes tranchées.

Ajoutez ensuite le filet tranché.

Servez immédiatement et savourez votre délicieux sandwich à la viande !

21. Bavette à la Moutarde Balsamique

Pour 2 portions

Temps de préparation : 2 heures 10 minutes
Temps de cuisson : 6 minutes

Ingrédients :

- 60 ml d'huile d'olive
- 60 ml de vinaigre balsamique
- 36 g de moutarde de Dijon

- 16 onces (environ 450 g) de bavette
- Sel et poivre au goût
- 4 feuilles de basilic, tranchées

.

Instructions :

Préparation de la marinade :
Dans un bol, mélangez l'huile d'olive, le vinaigre balsamique et la moutarde de Dijon pour créer une marinade.
Plongez le steak dans la marinade, couvrez avec une pellicule plastique et laissez mariner au réfrigérateur pendant 2 heures, ou toute la nuit pour une saveur plus prononcée.

Cuisson du steak :
Sortez le steak du réfrigérateur et laissez-le atteindre la température ambiante.

Préchauffez la friteuse à air Cosori.

Placez le steak dans la friteuse à air préchauffée et sélectionnez le mode "Filet".

Appuyez sur "Démarrer Pause".

Laissez cuire pendant 6 minutes.

Une fois cuit, coupez le steak en biais, perpendiculairement au muscle.

Assaisonnez de sel et de poivre au goût.

Décorez avec des tranches de basilic frais.

22. Boulettes de Viande Italiennes

Pour 1 à 2 portions

Temps de préparation : 15 minutes
Temps de cuisson : 8 minutes

Ingrédients :

- 227 g de bœuf haché (75/25)
- 28 g de chapelure
- 30 ml de lait
- 1 œuf

- 3 g de poudre d'ail
- 2 g de poudre d'oignon
- 2 g d'origan séché
- 2 g de persil séché
- Sel et poivre au goût
- 15 g de parmesan râpé (et un peu plus pour servir)
- Spray de cuisson antiadhésif
- Sauce marinara, pour servir

Instructions :

Préparation des boulettes :

Dans un grand bol, mélangez le bœuf haché, la chapelure, le lait, l'œuf, la poudre d'ail, la poudre d'oignon, l'origan, le persil, le sel, le poivre et le parmesan.

Formez de petites boules avec le mélange de viande et placez-les au réfrigérateur pendant 10 minutes pour les raffermir.

Cuisson des boulettes :

Préchauffez la friteuse à air Cosori.

Sortez les boulettes de viande du réfrigérateur et placez-les dans les paniers de la friteuse à air préchauffée.

Vaporisez les boulettes de viande avec un spray de cuisson antiadhésif.

Cuisez à 400°F (environ 200°C) pendant 8 minutes.

Servez les boulettes de viande chaudes avec de la sauce marinara et saupoudrez de parmesan râpé supplémentaire.

23. Boulettes de Viande d'Agneau à la Méditerranéenne

Pour 3 portions

Temps de préparation : 35 minutes
Temps de cuisson : 10 minutes

Ingrédients :
- 454 g d'agneau haché
- 3 gousses d'ail, émincées
- 5 g de sel
- 1 g de poivre noir

- 2 g de menthe fraîchement hachée
- 2 g de cumin moulu
- 3 ml de sauce piquante
- 1 g de poudre de chili
- 1 ciboulette, hachée
- 8 g de persil finement haché
- 15 ml de jus de citron frais
- 2 g de zeste de citron
- 10 ml d'huile d'olive

Instructions :

Préparation des boulettes :
Dans un grand bol, mélangez l'agneau haché, l'ail, le sel, le poivre, la menthe, le cumin, la sauce piquante, la poudre de chili, la ciboulette, le persil, le jus de citron et le zeste de citron jusqu'à homogénéité.
Formez des boulettes avec le mélange d'agneau et placez-les au réfrigérateur pendant 30 minutes pour les raffermir.

Cuisson des boulettes :
Préchauffez la friteuse à air Cosori.
Enduisez les boulettes de viande d'huile

d'olive et placez-les dans la friteuse préchauffée.

Réglez la friteuse sur le mode "Filet", ajustez la durée à 10 minutes et appuyez sur "Démarrer Pause".

24. Boulettes de Viande Japonaises

Pour 4 portions

Temps de préparation : 15 minutes
Temps de cuisson : 10 minutes

Ingrédients :

- 16 onces (environ 450 g) de bœuf haché
- 15 ml d'huile de sésame
- 18 g de pâte miso

- 10 feuilles de menthe fraîche, hachées finement
- 4 ciboulettes finement hachées
- 5 g de sel
- 1 g de poivre noir
- 45 ml de sauce soja
- 45 ml de mirin
- 45 ml d'eau
- 3 g de cassonade

Instructions :

Préparation des boulettes :

Dans un bol, mélangez le bœuf haché, l'huile de sésame, la pâte miso, la menthe, la ciboulette, le sel et le poivre jusqu'à homogénéité.

Huilez légèrement vos mains avec un peu d'huile de sésame et formez des boulettes de viande d'environ 51 mm. Vous devriez obtenir environ 8 boulettes de viande.

Placez les boulettes au réfrigérateur pendant 10 minutes pour les raffermir.

Préparation de la sauce :

Dans un petit bol, mélangez la sauce soja, le mirin, l'eau et la cassonade. Réservez.

Cuisson des boulettes :

Préchauffez la friteuse à air Cosori.

Placez les boulettes de viande refroidies dans la friteuse préchauffée.

Réglez sur le mode "Filet", ajustez la durée à 10 minutes et appuyez sur "Démarrer Pause".

Badigeonnez les boulettes de viande avec la sauce toutes les 2 minutes pour les glacer.

25. Poulet Rôti aux Herbes et à l'Ail

Pour 3 portions

Temps de préparation : 35 minutes
Temps de cuisson : 20 minutes

Ingrédients :

- 3 cuisses de poulet, désossées, avec la peau
- 30 ml d'huile d'olive
- 20 g de poudre d'ail

- 6 g de sel
- 1 g de poivre noir
- 1 g de thym séché
- 1 g de romarin séché
- 1 g d'estragon séché

Instructions :

Préparation du poulet :
Enduisez les cuisses de poulet avec de l'huile d'olive et assaisonnez-les uniformément avec la poudre d'ail, le sel, le poivre noir, le thym, le romarin et l'estragon.
Laissez reposer les cuisses de poulet assaisonnées pendant 30 minutes pour permettre aux saveurs de s'imprégner.

Cuisson du poulet :
Préchauffez la friteuse à air à une température de 195°C.
Placez les cuisses de poulet dans la friteuse à

air préchauffée.

Sélectionnez le mode "Poulet", réglez la durée sur 20 minutes et appuyez sur "Démarrer/Pause".

26. Poulet BBQ

Temps de préparation : 30 minutes
Temps de cuisson : 20 minutes

Ingrédients :
- 3 g de paprika fumé
- 5 g de poudre d'ail
- 3 g de poudre d'oignon
- 4 g de poudre de chili
- 7 g de cassonade
- 18 g de sel casher
- 2 g de cumin
- 1 g de poivre de Cayenne
- 1 g de poivre noir

- 1 g de poivre blanc
- 454 g de pattes de poulet, avec la peau
- 227 g d'ailes de poulet

Instructions :

Préparation de la marinade :

Dans un grand bol, combinez le paprika fumé, la poudre d'ail, la poudre d'oignon, la poudre de chili, la cassonade, le sel casher, le cumin, le poivre de Cayenne, le poivre noir et le poivre blanc. Mélangez bien pour créer votre mélange d'épices BBQ.

Assaisonnement du poulet :

Nettoyez les pattes et les ailes de poulet, et séchez-les avec du papier absorbant.

Frottez généreusement le mélange d'épices sur toutes les pièces de poulet, en vous assurant de bien les enrober.

Laissez le poulet mariner pendant 30 minutes

pour que les saveurs s'imprègnent.

Cuisson du poulet :
Préchauffez votre gril ou votre barbecue.
Placez les pattes et les ailes de poulet sur le gril et laissez-les cuire pendant environ 20 minutes, en les retournant de temps en temps pour assurer une cuisson uniforme.

27. Sauce Barbecue pour Poulet

Pour 4 portions

Instructions :

Préparation des assaisonnements :

Mélangez tous les assaisonnements nécessaires (comme mentionné dans une recette précédente ou selon votre préférence) dans un petit bol.

Assaisonnement et marinade du poulet :
Saupoudrez l'assaisonnement sur les ailes et

les pattes de poulet.
Laissez le poulet mariner pendant 30 minutes pour que les saveurs s'imprègnent bien.

Cuisson du poulet :
Préchauffez la friteuse à air Cosori à une température de 195°C.
Placez les ailes de poulet dans la friteuse à air préchauffée.
Sélectionnez le mode "Poulet", réglez la durée sur 20 minutes et appuyez sur "Démarrer/Pause".
Badigeonnez les ailes de poulet avec de la sauce barbecue toutes les 5 minutes pendant la cuisson.
Une fois la cuisson terminée, retirez le poulet de la friteuse à air.
Servez le poulet accompagné de sauce barbecue supplémentaire pour arroser ou tremper.

28. Cuisses de Poulet au Citron et à l'Ail

Pour 3 portions

Temps de préparation : 3 minutes
Temps de cuisson : 20 minutes

Ingrédients :

- 30 ml d'huile d'olive
- 1 citron (jus et zeste)
- 10 g de poudre d'ail
- 5 g de paprika

- 9 g de sel
- 1 g d'origan séché
- 1 g de poivre noir
- 2 g de cassonade
- 6 cuisses de poulet, avec la peau

Instructions :

Préparation de la marinade :

Dans un petit bol, mélangez l'huile d'olive, le jus et le zeste de citron, la poudre d'ail, le paprika, le sel, l'origan, le poivre noir et la cassonade.

Marinade du poulet :
Enduisez les cuisses de poulet de la marinade préparée.
Laissez les cuisses mariner pendant 30 minutes pour que les saveurs s'imprègnent.

Cuisson des cuisses de poulet :

Préchauffez la friteuse à air Cosori à une température de 195°C.

Placez les cuisses de poulet dans la friteuse à air préchauffée.

Sélectionnez le mode "Poulet", réglez la durée sur 20 minutes et appuyez sur "Démarrer/Pause".

29. Cuisses de Poulet Rôties à la Moutarde

Pour 4 portions

Temps de préparation : 3 minutes
Temps de cuisson : 20 minutes

Ingrédients :

- 30 g de moutarde de Dijon
- 15 ml de sirop d'érable
- 1 g de poudre d'oignon
- 2 g de poudre d'ail
- 1 g de paprika
- 2 g de sel

- 1 g de poivre noir
- 4 cuisses de poulet, désossées, avec la peau

Instructions :

Préparation du glaçage :
Dans un petit bol, mélangez la moutarde de Dijon, le sirop d'érable, la poudre d'oignon, la poudre d'ail, le paprika, le sel et le poivre noir pour créer un glaçage.

Glaçage du poulet :
Enduisez les cuisses de poulet avec le glaçage à la moutarde et laissez-les reposer.

Cuisson des cuisses de poulet :
Préchauffez la friteuse à air Cosori à une température de 195°C.
Placez les cuisses de poulet dans la friteuse à

air préchauffée. Utilisez les restes de glaçage pour les enduire à nouveau.

Sélectionnez le mode "Poulet", réglez la durée sur 20 minutes et appuyez sur "Démarrer/Pause".

30. Bâtonnets de Poulet Tikka

Pour 2 portions

Temps de préparation : 1 heure
Temps de cuisson : 20 minutes

Ingrédients :

- 79 ml de lait de coco
- 24 g de concentré de tomate
- 3 g de garam masala
- 2 g de cumin
- 3 g de curcuma

- 2 g de cardamome
- 3 g de poudre d'ail
- 25 g de gingembre râpé
- 5 g de sel
- 4 cuisses de poulet

Instructions :

Préparation de la marinade :
Dans un bol, mélangez le lait de coco, le concentré de tomate, le garam masala, le cumin, le curcuma, la cardamome, la poudre d'ail, le gingembre râpé et le sel.

Marinade du poulet :
Faites tremper les cuisses de poulet dans la marinade à la noix de coco. Mélangez jusqu'à ce que les cuisses soient bien enrobées.
Laissez mariner au réfrigérateur pendant jusqu'à 1 heure.

Cuisson des cuisses de poulet :

Préchauffez la friteuse à air Cosori à une température de 175°C.
Retirez les cuisses de poulet du réfrigérateur et placez-les dans la friteuse à air préchauffée.
Cuisez à 175°C pendant 20 minutes.

Servez les bâtonnets de poulet tikka accompagnés de riz basmati cuit à la vapeur.

31. Poulet au Citron et au Miel

Pour 2 portions

Temps de préparation : 1 heure
Temps de cuisson : 15 minutes

Ingrédients :

- 45 ml de miel (et un peu plus pour arroser)
- 15 ml de sauce soja
- 1 citron (pour le jus)
- 2 gousses d'ail, hachées

- 4 cuisses de poulet, désossées, avec la peau
- Sel au goût
- Tranches de citron pour garnir

Instructions :

Préparation de la marinade :
Dans un bol, mélangez le miel, la sauce soja, le jus de citron et l'ail.
Faites tremper les cuisses de poulet dans cette marinade et laissez mariner pendant jusqu'à 1 heure.

Cuisson du poulet :
Préchauffez la friteuse à air Cosori à une température de 195°C.
Placez les cuisses de poulet dans la friteuse à air préchauffée.
Sélectionnez le mode "Poulet", réglez la durée sur 15 minutes et appuyez sur

"Démarrer/Pause".

Lorsqu'il reste 5 minutes de cuisson, retirez les paniers de la friteuse, arrosez le poulet avec plus de marinade, puis remettez les paniers pour terminer la cuisson.

Assaisonnez le poulet de sel et arrosez-le d'un peu de miel supplémentaire.

Décorez avec des tranches de citron.

32. Poulet aux Cinq Épices

Pour 2 portions

Temps de préparation : 2 heures 5 minutes
Temps de cuisson : 12 minutes

Ingrédients :

- 48 g de salsa hoisin
- 18 g de sauce aux huîtres
- 3 gousses d'ail finement râpées
- 5 g de poudre de cinq épices chinoises
- 60 ml de miel, divisé
- 30 ml de sauce soja noire, divisée
- 4 cuisses de poulet, désossées, avec la

peau

Instructions :

Préparation de la marinade :
Dans un grand bol, mélangez la sauce hoisin, la sauce aux huîtres, l'ail, la poudre de cinq épices chinoises, 30 ml de miel et 20 ml de sauce soja noire.
Ajoutez les cuisses de poulet à la marinade et mélangez jusqu'à ce qu'elles soient bien enrobées.
Laissez mariner au réfrigérateur pendant au moins 2 heures.

Cuisson du poulet :
Préchauffez la friteuse à air Cosori à une température de 175°C.

Placez les cuisses de poulet sur les plateaux de la friteuse à air préchauffée.

Sélectionnez le mode "Poulet", réglez le minuteur sur 12 minutes et appuyez sur "Démarrer Pause".

Mélangez le reste du miel et de la sauce soja dans un petit bol.

Après 8 minutes de cuisson, badigeonnez le poulet avec le mélange de miel et sauce soja, puis remettez-le dans la friteuse pour 4 minutes supplémentaires.

Servez le poulet avec du brocoli chinois cuit à la vapeur et du riz.

33. Poulet Frit

Pour 2 portions

Temps de préparation : 2 heures
Temps de cuisson : 25 minutes

Ingrédients :
- 2 cuisses de poulet, avec la peau
- 224 ml de babeurre
- 180 g de farine tout usage
- 3 g de poudre d'ail
- 3 g de poudre d'oignon
- 3 g de paprika
- 2 g de poivre noir ou blanc
- 5 g de sel

- 40 ml d'huile végétale
- Huile en spray antiadhésive

Instructions :

Marinade du poulet :
Mélangez les cuisses de poulet avec le babeurre dans un sac de conservation zippé. Laissez mariner pendant 1 à 1,5 heures.

Préparation de l'enrobage :
Mélangez la farine, la poudre d'ail, la poudre d'oignon, le paprika, le poivre et le sel dans un bol.

Enrobage du poulet :
Sortez les cuisses de poulet de la marinade et trempez-les dans le mélange de farine. Assurez-vous que le poulet est complètement

couvert.

Placez les cuisses enrobées sur une grille de refroidissement pendant 15 minutes.

Cuisson du poulet :

Préchauffez la friteuse à air Cosori à une température de 195°C.

Badigeonnez les cuisses de poulet avec l'huile végétale en utilisant un pinceau de cuisine.

Placez les cuisses dans la friteuse à air préchauffée.

Sélectionnez le mode "Poulet" et appuyez sur "Démarrer Pause".

À mi-cuisson, retournez le poulet et arrosez-le avec l'huile en spray antiadhésive.

Laissez refroidir le poulet pendant 5 minutes une fois la cuisson terminée.

Servez chaud pour un repas croustillant et savoureux.

34. Côtelettes de Porc Façon Caroline du Nord

Pour: 2 portions
Temps de Préparation: 5 minutes
Temps de Cuisson: 10 minutes

Ingrédients:

- 2 côtelettes de porc désossées
- 15 ml d'huile végétale
- 25 g de cassonade foncée, emballée
- 6 g de poivre hongrois

- 2 g de moutarde moulue
- 2 g de poivre noir fraîchement moulu
- 3 g de poudre d'oignon
- 3 g de poudre d'ail
- Sel et poivre au goût

Instructions:

Préchauffage: Dans la friteuse à air Cosori, réglez la température et appuyez sur "Démarrer/Pause".

Préparation des Côtelettes: Enduire les côtelettes de porc d'huile.

Assaisonnement: Mélangez toutes les épices et assaisonnez généreusement les côtelettes de porc, presque comme si vous les paniez.

Cuisson: Placez les côtelettes de porc dans la friteuse à air préchauffée.

Réglage de Cuisson: Choisissez le réglage Filet, réglez la durée sur 10 minutes et appuyez sur "Démarrer/Pause".

Retirez les côtelettes de porc une fois la cuisson terminée, laissez-les reposer 5 minutes et servez.

35. Tartelettes aux Champignons et à l'Emmental en Friteuse à Air

Ingrédients:

- 1 pâte feuilletée prête à l'emploi
- 200 g de champignons de Paris, émincés
- 100 g d'Emmental râpé
- 1 échalote, finement hachée
- 2 cuillères à soupe de crème fraîche
- Sel, poivre, thym frais

- Beurre pour la poêle

Instructions:

Faites revenir les échalotes dans une poêle avec un peu de beurre jusqu'à ce qu'elles soient transparentes.
Ajoutez les champignons, du sel, du poivre et du thym. Faites cuire jusqu'à ce que toute l'eau soit évaporée.

Découpez des ronds de pâte feuilletée et placez-les dans des moules à tartelettes. Piquez la pâte avec une fourchette.
Étalez une fine couche de crème fraîche sur

chaque fond de tartelette, ajoutez les champignons et saupoudrez d'Emmental râpé.

Préchauffez la friteuse à air à 180°C. Placez les tartelettes dans le panier et faites-les cuire pendant 12-15 minutes, jusqu'à ce que la pâte soit dorée et croustillante.

Servez chaud en entrée ou comme apéritif.

36. Magrets de Canard aux Pêches en Friteuse à Air

Ingrédients:

- 2 magrets de canard
- 2 pêches, coupées en quartiers
- Sel, poivre
- Miel
- Vinaigre balsamique

Instructions:

Préparation du Canard: Incisez la peau des magrets en croisillons. Salez et poivrez des deux côtés.

Cuisson du Canard: Préchauffez la friteuse à air à 200°C. Placez les magrets côté peau vers le bas dans le panier.

Faites-les cuire pendant 8 minutes, retournez-les et poursuivez la cuisson pendant 6 minutes.

Pêches Caramélisées: Dans une poêle, faites caraméliser les quartiers de pêche avec un peu de miel et de vinaigre balsamique.

Tranchez les magrets et servez-les avec les pêches caramélisées.

37. Gratin Dauphinois

Ingrédients:

- 500 g de pommes de terre, tranchées finement
- 200 ml de crème fraîche
- 1 gousse d'ail, hachée
- Sel, poivre, noix de muscade
- 100 g de fromage râpé (Gruyère ou Emmental)

Instructions:

Préparation du Gratin: Dans un bol, mélangez les tranches de pommes de terre avec la crème, l'ail, le sel, le poivre et la noix de muscade.

Disposez les tranches de pommes de terre en couches dans un plat allant au four compatible avec votre friteuse à air. Terminez par une couche de fromage râpé.

Préchauffez la friteuse à air à 180°C. Faites cuire le gratin pendant 25-30 minutes, jusqu'à ce qu'il soit doré et que les pommes de terre soient tendres.

Servez chaud comme accompagnement d'un plat de viande ou de poisson.

38. Crevettes à la noix de coco

Ingrédients :

- 1/2 tasse de farine
- Sel et poivre, au goût
- 1 tasse de chapelure ou de Panko
- 1/2 tasse de noix de coco râpée

- 2 gros œufs, battus
- 500 g de crevettes à grande queue, décortiquées
- 1/2 tasse de mayonnaise
- 1 cuillère à soupe de sauce Sriracha
- 1 cuillère à soupe de sauce chili douce thaïlandaise

Instructions :

Préparation des ingrédients secs : Dans un bol, mélangez la farine avec le sel et le poivre noir. Dans une autre assiette, mélangez le Panko et la noix de coco.

Préparation des œufs : Dans une troisième assiette, battez les œufs pour les mélanger.

Enrobage des crevettes : Trempez chaque crevette dans la farine, en secouant l'excédent, puis dans les œufs battus, et enfin enrobez-les avec le mélange de Panko et noix de coco.

Cuisson : Par lots, si nécessaire, placez les crevettes en une seule couche dans le panier de la friteuse à air. Cuire à 200°C jusqu'à ce que les crevettes soient dorées, environ 7 à 9 minutes.

Préparation de la sauce : Dans un bol, fouettez ensemble la mayonnaise, la sauce Sriracha et la sauce chili douce.

Servez les crevettes chaudes avec la sauce trempette à part.

39. Épis de Maïs à la Feta et aux Herbes dans l'Airfryer

Ingrédients :

- 4 épis de maïs, décortiqués (coupés en deux si nécessaire)
- 1 tasse de fromage feta, finement

émietté
- 3 cuillères à soupe d'oignon rouge, finement haché
- 2 cuillères à café de basilic frais haché (plus pour la garniture)
- Oregan, au goût
- 1/2 tasse de yogourt grec nature
- 1/2 cuillère à café de paprika doux ou fumé
- Quartiers de citron, pour servir

Instructions :

Cuisson des épis de maïs : Placez les épis de maïs dans le panier de la friteuse à air, en une seule couche. Cuisez à 200 °C, en les retournant à mi-cuisson, jusqu'à ce qu'ils soient tendres, environ 10 à 12 minutes.

Préparation du mélange de feta : Pendant ce temps, dans un bol moyen, mélangez la feta émiettée, l'oignon rouge, le basilic et l'origan jusqu'à obtenir une consistance homogène.

Assemblage : Étalez environ 2 cuillères à soupe de yogourt sur chaque épi cuit. Recouvrez ensuite avec le mélange de feta. Saupoudrez de paprika et garnissez de basilic frais.

Servez les épis de maïs chauds ou à température ambiante, accompagnés de quartiers de citron.

40. Tartelettes de Pommes Pink Lady à l'Airfryer avec Caramel

Ingrédients :

- 3 pommes Pink Lady

- 2 cuillères à soupe de sucre
- 1 cuillère à café de fécule de maïs
- 1/2 cuillère à café de cannelle moulue (plus pour saupoudrer)
- 1/4 tasse d'eau
- 1 cuillère à café de jus de citron
- Farine (pour saupoudrer)
- 1 pâte à tarte réfrigérée
- 1 gros œuf, battu (pour badigeonner)
- Caramel (pour arroser)

Instructions :

Préparation du mélange de pommes : Épluchez et hachez finement 1 pomme. Mettez-la dans une petite casserole. Ajoutez le sucre, la fécule de maïs, et la cannelle. Remuez. Ajoutez l'eau et le jus de citron. Cuisez à feu moyen, en remuant fréquemment, jusqu'à ce que les pommes soient tendres et que le liquide épaississe, environ 10 minutes.

Préparation des pommes : Coupez le dessus des 2 autres pommes. Évidez-les à l'aide d'une cuillère. Placez-les sur un plan de travail. Remplissez-les avec le mélange de pommes cuites.

Préparation de la croûte : Sur une surface farinée, étalez la pâte et découpez 2 cercles. Découpez chaque cercle en lanières. Formez un treillis sur chaque pomme, en appuyant sur les bords extérieurs de la pomme. Coupez l'excédent de pâte.

Cuisson : Badigeonnez la pâte avec l'œuf battu. Saupoudrez de sucre et de cannelle. Placez les pommes dans le panier de la friteuse à air. Cuisez à 175 °C jusqu'à ce que les pommes soient tendres et que la croûte soit dorée, environ 14 minutes. Laissez refroidir légèrement.

Arrosez les tartelettes de sauce au caramel

avant de servir.

Conclusion

En clôturant ce voyage culinaire avec votre friteuse à air, vous n'avez pas seulement enrichi votre répertoire de recettes, mais vous avez également adopté un mode de vie qui allie santé, simplicité et plaisir.

À travers ces recettes, vous avez découvert

que manger sainement et préparer des repas délicieux ne nécessite ni des heures interminables en cuisine, ni de compromettre le goût ou la qualité.

Ce livre a été conçu non seulement comme un guide de recettes, mais aussi comme un compagnon de vie, vous enseignant l'art de cuisiner de manière innovante et efficace.
La friteuse à air, au-delà d'être un simple appareil, est devenue un outil indispensable pour transformer des ingrédients simples en plats extraordinaires.

Nous espérons que ce livre vous aura inspiré à expérimenter, à oser et à savourer chaque bouchée de vos créations. Que ces recettes deviennent vos favoris pour les repas en famille, les dîners entre amis ou les moments de plaisir en solo.
N'oubliez pas que chaque plat que vous préparez est une expression de votre créativité et de votre passion pour la bonne nourriture.

Nous vous invitons à continuer d'explorer,

d'innover et de partager votre amour de la cuisine. Que chaque repas préparé avec votre friteuse à air soit un moment de joie, de santé et de satisfaction.

Bon appétit et bonne continuation dans votre aventure culinaire !

Cher lecteur,

Nous espérons sincèrement que vous avez apprécié votre voyage à travers les pages de ce livre. Votre soutien et votre passion pour la lecture sont des sources d'inspiration constantes pour nous, les auteurs. Nous aimerions vous inviter à partager vos impressions et vos réflexions sur ce livre en laissant un commentaire sur Amazon.

Votre avis compte énormément pour nous et pour les futurs

lecteurs. En partageant votre expérience, vous contribuez non seulement à guider les autres lecteurs dans leur choix de lecture, mais aussi à soutenir l'auteur dans son travail. Chaque commentaire, qu'il soit élogieux ou constructif, est précieux et permet d'améliorer nos œuvres à venir.

Pour laisser votre commentaire, rendez-vous simplement sur la page du livre sur Amazon, puis cliquez sur "Écrire un commentaire client" sous la section des avis. Prenez quelques instants pour rédiger vos impressions, qu'elles portent sur les personnages, l'intrigue ou l'écriture. N'hésitez pas à être sincère et honnête dans votre évaluation.

Un grand merci d'avance pour votre contribution et pour votre soutien à la littérature. Ensemble, continuons à faire vivre la magie des mots et à écrire les histoires qui nous passionnent.

Amicalement,
Léo Raphaël Pineda

Livre de recettes pour Friteuse à Air

Du même auteur

Livre de recettes pour Friteuse à Air

ASIN : B0BSWSSR2W

ASIN : B0BZF76D1P

Livre de recettes pour Friteuse à Air

ASIN : B0BZFG511S

Livre de recettes pour Friteuse à Air

ASIN : B0BV212N1H

Livre de recettes pour Friteuse à Air

ASIN : B0BV4TM11H

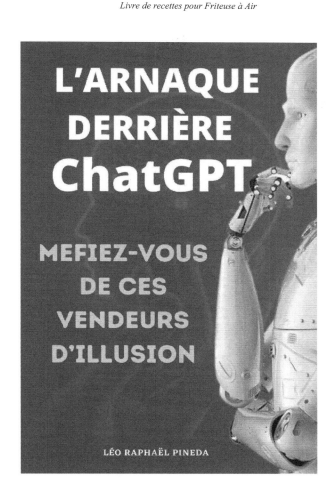

ASIN : B0C12GM7PZ

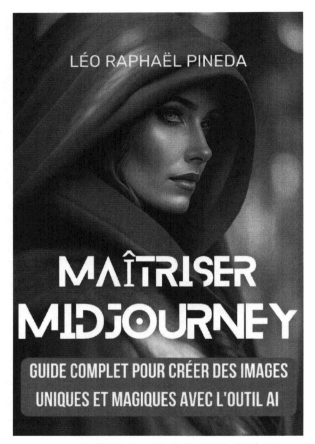

ASIN : B0C1JB1T4L

Livre de recettes pour Friteuse à Air

ASIN : B0C11ZXS61

ASIN : B0C2S5MYKS

Livre de recettes pour Friteuse à Air

ASIN : B0C2SVRS1S

Livre de recettes pour Friteuse à Air

ASIN : B0C47WJC2R

Livre de recettes pour Friteuse à Air

Copyright ©2023 - Léo Raphaël Pineda
Tous les droits sont réservés. Aucune partie de cette publication ne peut être reproduite, distribuée ou transmise sous quelque forme ou par quelque moyen que ce soit, y compris la photocopie, l'enregistrement ou d'autres méthodes électroniques ou mécaniques, sans l'autorisation écrite préalable de l'éditeur, sauf dans le cas de brèves citations incorporées dans les critiques et certaines autres utilisations non commerciales autorisées par la loi sur le droit d'auteur.
Toute référence à des événements historiques, à des personnes réelles ou à des lieux réels peut être réelle ou utilisée fictivement pour respecter l'anonymat.
Les noms, les personnages et les lieux peuvent être le produit de l'imagination de l'auteur.

Imprimé par Amazon.
Léo Raphaël Pineda

Livre de recettes pour Friteuse à Air

Printed in Poland
by Amazon Fulfillment
Poland Sp. z o.o., Wrocław